English-Spanish
Inglés-Español

For Ages 4–7
De 4 a 7 años

Germs Are Not for Sharing
Los gérmenes no son para compartir

Elizabeth Verdick

Ilustrado por Marieka Heinlen
Traducido por Alejandra Schmidt

free spirit
PUBLISHING®

Library of Congress Cataloging-in-Publication Data
Verdick, Elizabeth.
[Germs are not for sharing. Spanish & English]
Germs are not for sharing = Los gérmenes no son para compartir / Elizabeth Verdick ; ilustrado por Marieka Heinlen; traducido por Alejandra Schmidt.
p. cm. — (The best behavior series)
ISBN 978-1-57542-368-5
1. Hygiene—Juvenile literature. 2. Bacteria—Juvenile literature. I. Heinlen, Marieka, ill. II. Title. III. Title: Gérmenes no son para compartir.
RA780.V4718 2010
613—dc22
2010045439

ISBN: 978-1-57542-368-5

Cover and interior design by Marieka Heinlen
Edited by Marjorie Lisovskis
Translation edited by Ingrid L. Paredes

Printed by: 590835
Printed in: China

Free Spirit Publishing
An imprint of Teacher Created Materials
9850 51st Avenue North, Suite 100
Minneapolis, MN 55442
(612) 338-2068
help4kids@freespirit.com
freespirit.com

FSC
www.fsc.org
MIX
Paper from responsible sources
FSC® C155903

Dedication

To the folks at Children's Hospital in St. Paul, who took great care of my son Zach during two hospitalizations; and to Zach himself, who is learning how to handle his asthma, wash his hands while singing the alphabet, and spread the word that germs are not for sharing.
—E.V.

For Mason, a great big brother who never coughs on his new baby sister, and for Avery and Veronica, who are too tiny and squeaky clean to know about germs yet.
—M.H.

Acknowledgments

We especially want to thank the following people for their expertise:

Gail Hansen, R.N., L.S.N., F.N.P., Minneapolis Public Schools
Bethany Malley, teacher, Sunshine Montessori Preschool, Minneapolis
Andrew Ozolins, M.D., Children's Hospitals and Clinics of Minnesota
Christine Pearson, Division of Media Relations, Centers for Disease Control and Prevention

Dedicatoria

Para mis amigos del Hospital de niños en St. Paul, quienes cuidaron con mucha dedicación a mi hijo Zach durante sus dos hospitalizaciones. Y también para Zach, quien ha aprendido a convivir con el asma, a lavar sus manos mientras canta el ABC, y decirle a todo el mundo que los gérmenes no son para compartir.
—E.V.

Para Mason, un hermano mayor maravilloso que nunca tosió en la cara de su hermanita recién nacida. También para Avery y Veronica, que todavía son demasiado pequeñitos y requeteliempios para conocer a los gérmenes.
—M.H.

Agradecimientos

Queremos agradecer especialmente a las siguiente personas por sus conocimientos:

Gail Hansen, R.N., L.S.N., F.N.P., Escuelas públicas de Minneapolis
Bethany Malley, profesora del jardín del infantes Sunshine Montessori, Minneapolis
Andrew Ozolins, M.D., Hospitales y clínicas de niños de Minnesota
Christine Pearson, División de Relaciones con los Medios de Comunicación del Centro de control y prevención de enfermedades

What are too small to see . . . but can have the power to make you sick?

¿Qué es tan pequeño que no se ve . . . pero que tiene el poder para enfermarte?

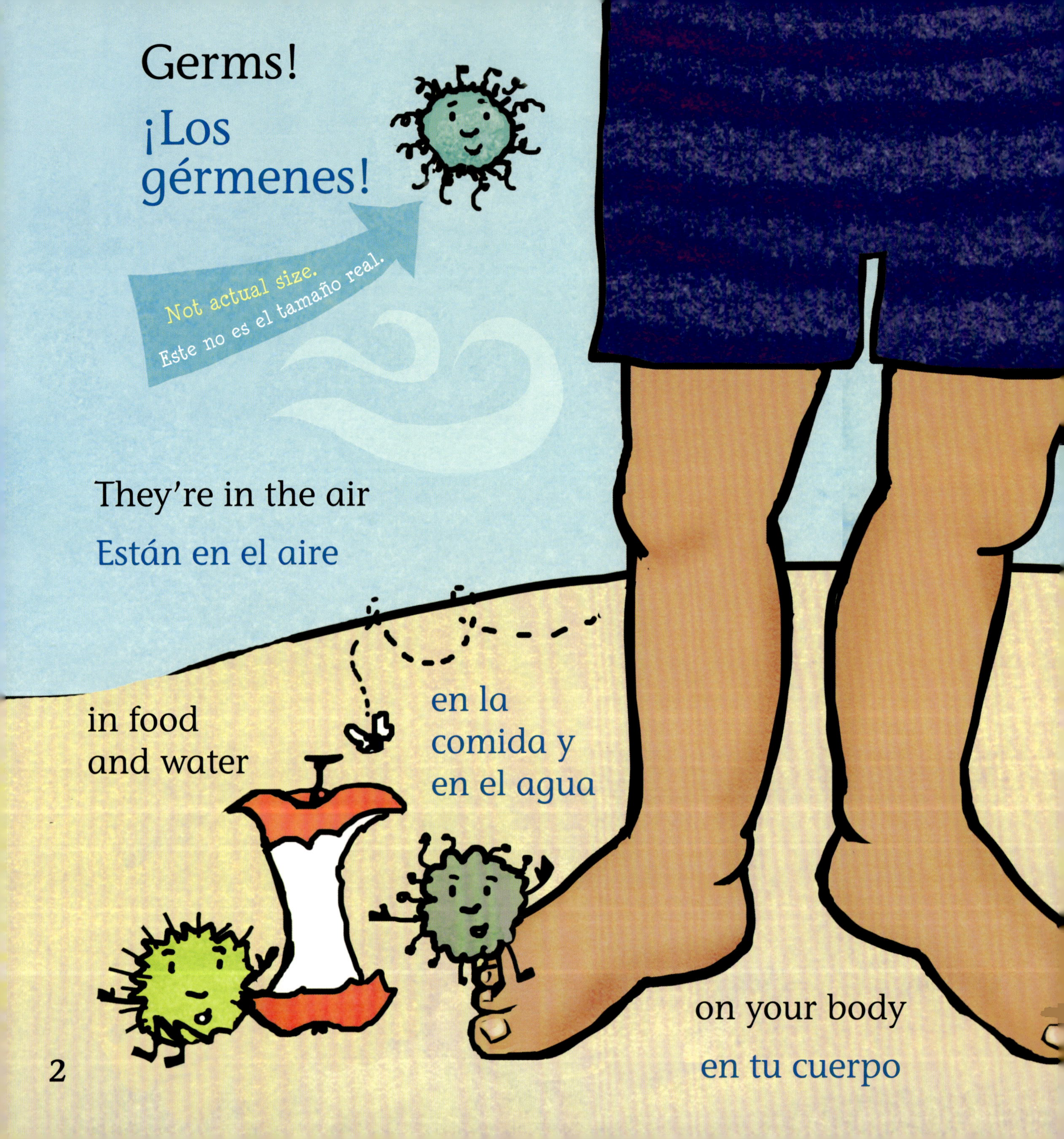

Germs!

¡Los gérmenes!

They're in the air

Están en el aire

in food and water

en la comida y en el agua

on your body

en tu cuerpo

and on all the things you touch.

y en todas las cosas que tocas.

Still, germs are not for sharing because
germs can make you sick.

De todas formas, los gérmenes no son para compartir porque te pueden enfermar.

Achoo! Achoo! What do you need to do?
Cover your nose with a tissue before the germs get out.

¡Achís! ¡Achís! ¿Qué tienes que hacer?
Cubre tu nariz con un pañuelo antes de que salgan los gérmenes.

Blow, wipe, and toss.

Suénate, límpiate y bótalo.

Cough, cough, cough!
What do you need to do?

Cover up your mouth
before the germs get out.

¡Cof, cof, cof!
¿Qué tienes que hacer?

Tápate la boca
antes de que salgan
los gérmenes.

Like this

Así

or this

o así

or even like this.

o incluso así.

If you cough or sneeze into your hands,
hurry up and wash them because

germs are not for sharing.

Si toses o estornudas en tus manos,
corre a lavártela porque

los gérmenes no son para compartir.

When germs get on your hands, they can spread to other people.

Cuando los gérmenes se quedan en tus manos, pueden contagiar a otras personas.

When you hold hands

Cuando se dan la mano

or play games

o juegan

or give each other high fives.

o chocan esos cinco.

Whenever you touch something, your germs get left behind . . . and you might even pick up some new ones.

Cada vez que tocas algo tus gérmenes se quedan atrás . . . e incluso puedes contagiarte de algunos nuevos.

Here are some places where germs hang out:

Estos son algunos lugares donde encontramos gérmenes:

And we can live there for up to 2 hours!
¡Podemos vivir aquí hasta por 2 horas!

SOAP
JABÓN

Germs, germs everywhere . . . what can you do?

Gérmenes, gérmenes por todos lados . . .
¿qué puedes hacer?

You can wash your hands.

Puedes lavarte las manos.

Use warm water and lots of soap,
scrub, scrub, scrub.

Con agua tibia y mucho jabón,
fregar, fregar, fregar.

Wash for as long as it takes to sing the ABCs or Happy Birthday (twice).

Lávate durante el mismo tiempo que demoras en cantar el ABC o Cumpleaños Feliz (dos veces).

Scrub the tops, scrub your palms, wash under your nails, and even your wrists.

Friégate los dorsos y las palmas, lávate las uñas e incluso las muñecas.

Now

rinse,
rinse,
rinse.

Ahora

enjuagar,
enjuagar,
enjuagar.

Send those germs
down the drain.

Bota esos
gérmenes por
el desagüe.

"Bye-bye germs!"

"¡Adiós gérmenes!"

10 good times to wash your hands:
10 momentos apropiados para lavarte las manos:

1. before you eat

1. antes de comer

2. after you eat

2. después de comer

3. after you sneeze, cough, or blow your nose

3. después de estornudar, toser o sonarte

4. after rubbing your eyes

4. después de restregarte los ojos

5. after picking your nose

5. después de metert un dedo en la nariz

6. after playing outside or with pets

6. después de jugar afuera o con las mascotas

7. after counting your coins

7. después de contar tus monedas

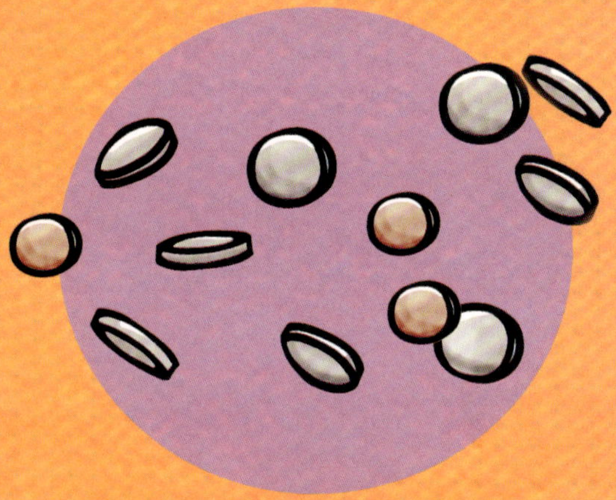

8. after crying

8. después de llorar

9. after using the bathroom

9. después de ir al baño

10. whenever they're dirty!

10. ¡cada vez que se ensucien!

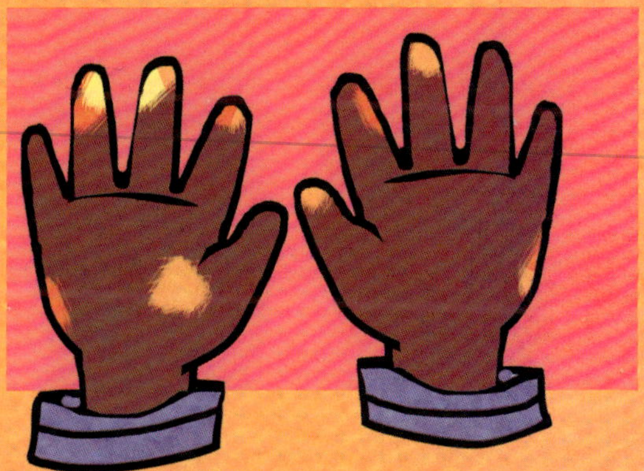

That's 10 good times to wash your hands . . . one for each finger.

Esos son 10 buenos momentos para lavarte las manos . . . uno por cada dedo.

All clean!
¡Bien limpio!

A Few More Words About Germs

Grown-ups and kids can read this together!

Germs are everywhere—on your skin, in your body, in the air you breathe, in your food and water, and on everything you touch. They are tiny living creatures that you can't even see. And not all germs are bad. Most of them don't cause you any harm.

Germs are not for sharing. Lots of things are meant to be shared—but not germs! To help prevent the spread of colds and flu, make sure you don't share things like your toothbrush, juice boxes, lollipops, used tissues, or lip balm.

Your body knows how to fight germs. Some germs can make you sick. Maybe you didn't know that your body has built-in defenses against harmful germs. Your eyelashes help trap germs before they get into your eyes. The hairs in your nose catch some of the germs you breathe in. Your *immune system* is your body's disease-fighting system. It helps protect you from illness or allows you to get better when you're sick.

Germs can get in through your eyes, nose, and mouth. Some harmful germs do get in and make you sick. For example, if you have germs on your hands and then you rub your eyes, you let germs in. You can get germs if you suck your thumb, bite your fingernails, or pick your nose. You can get germs if someone spits on you or if you kiss someone who's sick. So remember: *Noses are not for picking. Mouths are not for spitting. Thumbs are not for sucking. Fingernails are not for biting.*

Sneezing or coughing spreads germs. You can't help it if you have to sneeze. But guess what happens when you do? You spray tons of germs into the air. They travel fast and far. Scientists say the germs can land as far away as the other side of the room! And just like when you sneeze, germs leave your body and spray into the air when you cough. Where do the germs end up? On other people! So cover it up. Grab a tissue and cough or sneeze into it (wash your hands afterward). If you can't get a tissue fast enough, turn your face away from other people so they won't catch your germs. Cough or sneeze into the crook of your elbow, or turn your head toward your shoulder and cough into your shirt.

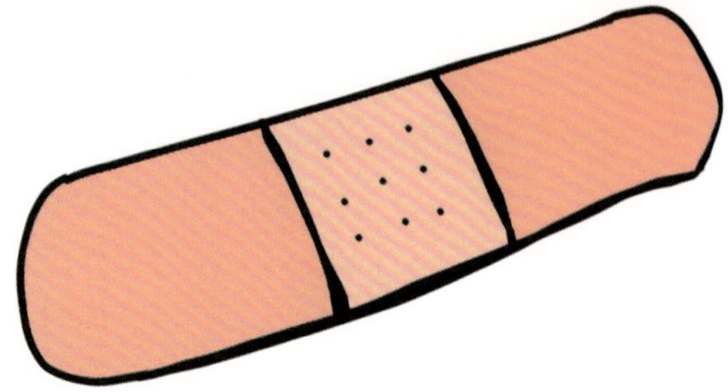

Germs can get in through cuts and scrapes. Anytime you get a scrape on your skin, be sure to wash it off and put an adhesive bandage on it. This helps protect you from germs. You (and an adult helper) can change the adhesive bandage as often as needed, until the cut heals.

Hands spread germs. Your hands are busy all day long, writing, drawing, cutting, or throwing and catching a ball. But they're also catching germs and spreading them to others. You touch other people with your hands at home, at school, and lots of other places, too. Every time you give someone a high five, you're sharing germs. Does that mean you should never touch anyone again? Of course not! Remember, most germs aren't harmful and you can touch them without getting ill. But if someone who *is* sick touches the things you touch, you may pick up some germs that you didn't want.

Washing your hands is a must. Keeping your hands clean is the most important thing you can do to keep from getting sick and spreading your germs to other people. Wash your hands often during the day. Wash for about 30 seconds with warm water and soap. Be sure to rub your hands together. Wash between your fingers, too. Then rinse well and pat dry.

Watch what you put in your mouth. That piece of candy you find on the playground is crawling with germs. Yuck! Don't pick it up and eat it. Same goes for old bubblegum you find under a desk. Tell a grown-up what you found and ask him or her what to do about it. And if you ever accidentally drop your snack on the floor, it will be covered in germs by the time you pick it up. Best bet: Go and get a new one.

Keep tissues handy and use them. You can keep them in your backpack, cubby, or pocket. Use them when you sneeze, cough, cry, wipe your eyes, or blow your nose. Keep hand-cleaning liquid or wipes with you for those times when you can't find a sink. Ask your mom, dad, or another adult to buy some.

Be careful who you kiss. Maybe you love kissing your family members and friends (or maybe not!). Kisses can be nice to give and get—but there are times when you may want to think twice. For example, don't kiss people if you're sick or they are. Talk to a family grown-up about whether you're allowed to kiss your pets or other people's. (Animals have germs, too.)

Find other ways to stay clean and healthy. Grown-ups probably keep reminding you to wash your hands, brush your teeth, and eat healthy foods. And for good reason! When you stay clean and help take good care of yourself, you're healthier.

Unas pocas palabras sobre los gérmenes

¡Los adultos y los niños pueden leerlas juntos!

Los gérmenes están en todas partes; en tu piel, en tu cuerpo, en el aire que respiras, en la comida y en el agua, y en todo lo que tocas. Los gérmenes son unas criaturas pequeñas que no puedes ver, pero no todos son malos. La mayoría de ellos no te causan daño.

Los gérmenes no son para compartir. Muchas cosas están pensadas para compartir; ¡pero no los gérmenes! Para evitar el contagio de los resfríos y gripes, asegúrate de no compartir cosas como tu cepillo de dientes, tu jugo en caja, los chupetines, los pañuelos usados o el bálsamo labial.

Tu cuerpo sabe como combatir los gérmenes. Algunos gérmenes te pueden enfermar. Quizás no sabías que tu cuerpo tiene defensas contra los gérmenes que te hacen daño. Tus pestañas ayudan a atrapar a los gérmenes antes de que entren a los ojos. Los pelos de tu nariz agarran algunos de los gérmenes que respiras. El *sistema inmune* de tu cuerpo es un mecanismo que combate las enfermedades, te protege de ellas y permite que te mejores cuando estás enfermo.

Los gérmenes pueden meterse por tus ojos, nariz y boca. Algunos gérmenes dañinos logran entrar y te enferman. Por ejemplo, si tus manos tienen gérmenes y luego te restregas los ojos, los dejas entrar. Puedes agarrar gérmenes si te chupas el pulgar, te muerdes las uñas, o te metes los dedos en la nariz. Así que recuerda: *Las narices no son para hurgar. Las bocas no son para escupir. Los dedos no son para chupar. Las uñas no son para morder.*

Los estornudos y las toses propagan los gérmenes. No puedes hacer nada si necesitas estornudar. Pero, ¿sabes lo que pasa cuando lo haces? Esparces los gérmenes en el aire, y ellos viajan rápido y lejos. ¡Los científicos dicen que los gérmenes pueden llegar hasta el otro lado de la habitación! Por lo tanto, cuando estornudas los gérmenes salen de tu cuerpo y se propagan en el aire cuando toses. ¿Dónde terminarán esos gérmenes? ¡Encima de las personas! Así que cubre tu boca. Tose o estornuda en el doblez de tu codo, o gira la cabeza por sobre tu hombro y tose en tu camisa.

Los gérmenes pueden entrar por cortes y rasguños. Cada vez que te arañes la piel asegúrate de lavarla y ponerte una curita. Esto ayudará a protegerte de los gérmenes. Puedes (con la ayuda de un adulto) cambiarte la curita las veces que sea necesario, hasta que se cure tu herida.

Las manos propagan los gérmenes. Tus manos están ocupadas todo el día: escribiendo, dibujando, cortando o lanzando y agarrando una pelota. Pero también están contagiándose con gérmenes y esparciéndolos en los demás. Tocas a las personas con tus manos en la casa, en la escuela y en muchos otros lugares. Cada vez que chocas esos cinco estás compartiendo gérmenes. ¿Esto significa que no deberías tocar a nadie? ¡Por supuesto que no! Recuerda que la mayoría de los gérmenes no hacen daño y que los puedes tocar sin enfermarte. Pero si alguien que *está* enfermo toca las cosas que tú tocas, podrías contagiarte con algunos gérmenes que no quieres.

Lavarte las manos es un deber. Mantener tus manos limpias es lo más importante que debes hacer para no enfermarte y evitar el contagio de los gérmenes con los demás. Lávate las manos muchas veces en el día. Lávalas durante 30 segundos con agua tibia y jabón. Asegúrate de fregarlas bien. También lávate entre los dedos. Luego enjuágate y sécatelas.

Pon atención en lo que te metes a la boca. ¿Recuerdas ese dulce que encontraste en la plaza lleno de gérmenes? ¡Puaj! No lo recojas ni te lo comas. Tampoco esa goma de mascar pegada bajo la mesa. Cuéntale a un adulto lo que encontraste y pregúntale qué hacer con ello. Incluso si por accidente se te cae tu merienda al suelo, cuando la recojas ya estará llena de gérmenes. La mejor apuesta: consigue una nueva.

Mantén los pañuelos a mano. Los puedes guardar en tu mochila, armario o bolsillo. Úsalos cuando estornudes, tosas, llores, limpies tus ojos o te suenes. Usa gel limpiador de manos o paños húmedos para limpiarte cuando no encuentres un lavabo cerca. Pídele a tu mamá, papá o a otro adulto que te compre algunos.

Cuidado a quien besas. Quizás adores besar a tu familia y amigos (¡o quizás no!). Es lindo dar y recibir besos, pero hay momentos en que lo debes pensar dos veces. Por ejemplo, no beses a personas que estén enfermas o cuando tú estés enfermo. Conversa con algún adulto de tu familia para decidir si puedes o no darle besos a tus mascotas o a las de los demás. (Los animales también tienen gérmenes.)

Descubre otras maneras de mantenerte limpio y sano. Probablemente los adultos te recuerdan todo el día que te laves las manos, cepilles tus dientes y te alimentes con comida saludable. ¡Lo hacen por una buena razón! Cuando estás limpio y te cuidas, tú estás más sano.

About the Author and Illustrator

Acerca de la autora y la ilustradora

Elizabeth Verdick is the author of more than 40 highly acclaimed books for children and teenagers, including other books in the Best Behavior series for young children, the Happy Healthy Baby and Toddler Tools board book series, and the Laugh & Learn series for preteens. Elizabeth lives with her husband, daughter, son, and a houseful of pets near St. Paul, Minnesota.

Elizabeth Verdick es autora de más de 40 libros para niños y adolescentes, incluyendo otros libros de la colección *Best Behavior* para niños pequeños, la serie de libros de cartón, *Happy Healthy Baby* y *Toddler Tools* y la serie para preadolescentes *Laugh & Learn*. Elizabeth vive con su esposo, su hija, su hijo y varias mascotas en una casa cerca de St. Paul, Minnesota.

Marieka Heinlen launched her career as a children's book illustrator with the award-winning *Hands Are Not for Hitting*. As a freelance illustrator and designer, Marieka focuses her work on books and other materials for children, teens, parents, and teachers. She lives in St. Paul, Minnesota, with her husband, son, and daughter.

Marieka Heinlen lanzó su carrera como ilustradora de libros para niños con el libro premiado *Las manos no son para pegar.* Marieka enfoca su trabajo de ilustradora y diseñadora en libros y otros materiales para niños, adolescentes, padres y maestros. Vive en St. Paul, Minnesota, con su esposo, su hijo y su hija.